BEI GRIN MACHT SICH IHR WISSEN BEZAHLT

AF131179

- Wir veröffentlichen Ihre Hausarbeit,
  Bachelor- und Masterarbeit

- Ihr eigenes eBook und Buch -
  weltweit in allen wichtigen Shops

- Verdienen Sie an jedem Verkauf

Jetzt bei www.GRIN.com hochladen und kostenlos publizieren

Bibliografische Information der Deutschen Nationalbibliothek:

Die Deutsche Bibliothek verzeichnet diese Publikation in der Deutschen National-
bibliografie; detaillierte bibliografische Daten sind im Internet über http://dnb.d-
nb.de/ abrufbar.

Impressum:

Copyright © 2016 GRIN Verlag, Open Publishing GmbH
Druck und Bindung: Books on Demand GmbH, Norderstedt Germany
ISBN: 9783668285675

Dieses Buch bei GRIN:

http://www.grin.com/de/e-book/338989/sicherheitskonzept-fuer-das-event-eines-
energiekonzerns-schutzziele-und

Bruno Merkel

Sicherheitskonzept für das Event eines Energiekonzerns. Schutzziele und Umsetzung des Maßnahmenkataloges

GRIN Verlag

GRIN - Your knowledge has value

Der GRIN Verlag publiziert seit 1998 wissenschaftliche Arbeiten von Studenten, Hochschullehrern und anderen Akademikern als eBook und gedrucktes Buch. Die Verlagswebsite www.grin.com ist die ideale Plattform zur Veröffentlichung von Hausarbeiten, Abschlussarbeiten, wissenschaftlichen Aufsätzen, Dissertationen und Fachbüchern.

Northern Business School

Sicherheitskonzeption

Event des NEW
„Norddeutschen Energiewerke Konzern"

Ort: Hamburger Rathaus und Rathausmarkt

Bruno Merkel

Inhaltsverzeichnis

Abbildungsverzeichnis

Abkürzungsverzeichnis

MA	Mitarbeiter
SiMa	Sicherheitsmanager
U-SP	Unmittelbare Sicherheitspersonal
E-SP	Erweitertes Sicherheitspersonal
UPS	Unmittelbarer Personenschutz
EPS	Erweiterter Personenschutz
SP	Schutzperson

1. Einleitung

Die Sicherheitskonzeption dient dazu erfolgreich in der Sicherheitsbranche beständig zu sein. Vor allem aber auch dazu, um den Anforderungen des MIK und dessen Orientierungsrahmens gerecht zu werden. Dieser ist aus den Ereignissen der Loveparade 2010 entstanden, wirkt mit rechtlichen Verpflichtungen gegenüber einem Veranstalter und bezweckt einen sicheren Zustand aller Vorort auffindbaren Menschen bei einer Veranstaltung. Die Sicherheitskonzeption bietet sich vor allem bei Veranstaltungen, wie z.B. „Public viewing", bei Fußballspielen, Popkonzerten, in Steinbrüchen oder individuellen Aufkommen, wie ein Opernkonzert in U-Bahnschächten. Sie eignet sich auch besonders dann, wenn ein modernes Verhalten der Besucher zu erwarten ist, welches sich über die Teilnahmebestätigung erstreckt. Denn heutzutage wird die Teilnahme an einer Veranstaltung, oft auch noch kurzfristig über das Internet bzw. über soziale Netzwerke ausgeweitet und bedeutend gemacht.

Sicherheit ist ein Zustand über Raum und Zeit, welcher frei von jeglicher Masse ist, die ein Risiko oder gar eine Gefahr aufweisen könnte. Damit dieser Zustand möglichst frei von Risiken und Gefahren bzw. von der Masse ist, gilt es zunächst allgemeine Informationen festzuhalten, um das darauffolgende Rahmendokument nachvollziehbar zu gestalten. Dabei gilt es das Rahmendokument bzw. die Sicherheitskonzeption bis auf Einzelabläufe- Konzeptionen und Maßnahmen runter zu brechen. Zu den Einzelabläufen- und Konzeptionen gehören geplante Räumungskonzeptionen, Dienstanweisungen, Funkpläne und vereinzelte Kontrollprozesse, bspw. bezüglich der Kontrolle von Brandverhütung oder der Einrichtung von organisatorischen Verantwortungsbereichen. Die Maßnahmen können sich über technische, organisatorische und personelle Mechanismen erstrecken. Dabei soll ein Grundgerüst entstehen, um Behörden, vorgesetzten Stellen oder den Auftraggeber kenntlich und deutlich zu machen das bezüglich des Aufkommens gearbeitet.

In dieser Ausarbeitung wird die Sicherheitskonzeption anhand eines Beispiels dargestellt. Sie bezieht sich nämlich auf ein über drei Tage laufendes Event eines Kernkraftenergiekonzerns.

Sicherheitskonzeptionen basieren auf zuvor getätigte Sicherheitsanalysen. Auf das Sicherheitskonzept, folgt das wesentliche primäre Sicherheitskonzept, um valide und reliable Lösungsansätze bzgl. der Sicherheit zu gewinnen. Es ist wichtig eine systematische Vorgehensweise zu bewahren, jedoch muss auch über den Rahmen hinausgedacht werden, da jeder Auftrag und jedes Aufkommen individuelle Eigenschaften und Beschaffenheit mit sich bringt.

2. Allgemeine Informationen

Die allgemeinen Informationen dienen dazu das Sicherheitskonzept nachvollziehbar zu gestalten und die Notwendigkeit der präventiven und repressiven Maßnahmen zu suggerieren.

2.1.Sicherheitskonzeptkopf

Norddeutsche Energiewerke
-Konzernsicherheit-

Norddeutsche Energiewerke Große Hauptstraße 11 22815 Hamburg

Verfasser: Muster Mustermeier
11111111
Empfänger: gemäß Verteiler

Große Hauptstraße 11
22815 Hamburg
Tel.: 040/

Fax: 040/ 1111111
Email: service-muster@new.de

<u>Sicherheitskonzept zur Absicherung der NEW</u>
- Event vom 08.07.2016 bis 10.07.2016 -

Hamburg, den 18.06.2016

Das vorliegende Dokument gibt Aufschluss über den aktuellen Stand bzgl. der Absicherung des NEW Events und hält vorläufig alle organisatorischen, personell und technischen Maßnahmen zur Vorbereitung und Durchführung fest.

2.2 Zuständigkeit und Verantwortlichkeiten

In diesem Abschnitt gilt es alle relevanten Akteure bzgl. des Veranstaltungsschutzes zu identifizieren und ihre spezifischen Aufgaben zu definieren.

Öffentliche Sicherheit

a) zuständige Behörde für öffentliche Sicherheit;

LKA Hamburg
040 428280

b) andere Regierungsbehörden;

Staatsschutz
040 123123
LKA7
040 2823764

c) Strafverfolgungsbehörde;

Staatsanwaltschaft HH
040 428280

d) nationalen Streitkräfte;

Bundeswehr
040 272236

Private Sicherheit

e) Veranstaltungsbetreiber;

NEW Konzern
040 1234567890

f) Veranstaltung Sicherheitsmanager;

Herr Merkel
0151 1234567890

g) Veranstaltung Sicherheitsdienstleister;

S GmbH
040 1234567890

h) Notfall Einheiten /Ersthelfer/ Sanität;

Malteser
040 8237236

Lagezentrum (LZ)

i) geregelt Mittel; (z.B. Media)

Analysemitarbeiter
Funk 1,2/ 0151 1234567890

j) Handhabungsmittel (z.B. Handsonden);

Verwaltungsmitarbeiter
Funk 1,2/ 0151 1234567890

Andere Unternehmen

k) Catering-Betrieb; und

C GmbH
0152 1234567890

l) Reinigungsunternehmen.

R UG
0176 1234567890

Fortlaufend wird ein Organigramm der Veranstaltungssicherheit und ihrer Akteure vorgeführt, denn dies könnte zum Verständnis des Lesers beitragen.

2.2.1. Organigramm: Veranstaltungsschutz, Funkplan

„Grüne Energie"

Vorstand

Sicherheitsmanager
0151 1234567890

Lagezentrum (LZ)
Funk 1, 2/ 0151 1234567890

VerwaltungsMA
Funk 1,2/ 0151 1234567890

AnalyseMA
Funk 1, 2/ 0151 1234567890

Sicherheitsdienstleister (SMA)

Personenschutz (PS)

1 Einsatzleiter
Funk 1/ 0176 1234567890

Kommandoführer
Funk 2/ 0163 1234567890

Posten ◆
Funk 1

Streifen ◆
Funk 1

Posten ◆
Funk 2

Streifen ◆
Funk 2

Einlasskontrolle (Haupteingang)
Funk 1

Streifen 1 (Rathausmarkt)
Funk 1

Einlasskontrolle (Hintereingang)
Funk 1

Streife 2 (Rathaus)
Funk 1

SMA Bühne
Funk 1

SMA Rathaus
Funk 1

2.3. Auftrag, Ablauf und Zeiten

Der Auftraggeber Norddeutsche Energiewerke NEW möchte das Image seines Konzerns verbessern. Hierfür hat die Konzernleitung eine „Marketing-Offensive" angeordnet, in Rahmen dieser ist das folgende Event entstanden. Zur Absicherung des Events ist die Konzernsicherheit NEW für den kompletten Zeitraum beauftragt worden. Dazu wurden Teile des Rathauses in der Hamburger Innenstadt, über das Wochenende vom 08.07. bis 10.07.2016, angemietet.

Der Auftrag und das Ziel unserer Konzernsicherheit ist am Samstag, den 09.07.2016 eine ganztägige erfolgreiche Veranstaltung ohne Komplikationen auf den Anlagen stattfinden zu lassen. Als Auflage ist der folgende Ablauf und die dazugehörigen Zeiten gegeben.

Freitag 08.07.2016
Ab 15:00 Uhr	Aufbau der Bühne/ Ausstellung

Samstag 09.07.2016
10:00 Uhr	Beginn der Veranstaltung (Bühne und Ausstellung)
10:00 bis 10:10 Uhr	Begrüßungsrede durch Vertreter der Konzernleitung auf der Bühne
10:10 bis 15:00 Uhr	Unterhaltungsprogramm
15:00 bis 15:15 Uhr	Verlosung
15:15 bis 18:00 Uhr	Umbau/ Pause
18:00 bis 20:00 Uhr	Empfang im Rathaus
20:00 bis 24:00 Uhr	Konzert auf dem Vorplatz

So 10.07.2016
10:00 bis 09:00 Uhr	Abbau und Reinigung

Die Vorbereitungen der Veranstaltung finden am Vortag statt Freitag, den 08.07.2016. Ab 15:00 Uhr beginnt Unternehmen XY mit dem Aufbau der Bühne, zudem wird sich Unternehmen XY im Gebäude befinden und die geplante Ausstellung aufbauen. Am Samstag, den 09.07.2016 wird ganztägig eine Veranstaltung auf den Anlagen stattfinden. Zum Programm gehört die Ausstellung zum Thema „Grüne Energie", welche ganztägig im Gebäude zu finden sein wird. Zeitgleich um 10:00Uhr beginnt ein Bühnenprogramm, mit dem Einstieg durch die Begrüßungsrede des Vertreters der Konzernleitung, bis etwa 10:10Uhr. Darauf folgt ein Unterhaltungsprogramm auf der Bühne, welches mit einer Gewinnverlosung von abschließt. Anschließend werden Umbauarbeiten vorgenommen, die den Gästen der Veranstaltung als Pause deklariert werden. Am Abend ist ein Empfang im unteren Teil des Gebäudes vorgesehen. Die Veranstaltung schließt mit einem Konzert auf dem Rathausmarkt ab. Der Abbau und die Reinigung der gesamten Anlage erfolgt am darauffolgenden Tag Sonntag, den 10.07.2016.

2.4. Personalstärke der Konzernsicherheit

Die folgenden Mitarbeiter Kapazitäten sind bereitgestellt:

Unmittelbares Sicherheitspersonal (U-SP):
Leitung: 1 SiMa (CSO)
Einsatzleitung: 1 Person
Objektschutz: 18 Personen

Erweitertes Sicherheitspersonal (E-SP):
Ermittlung: 4 Personen
Analyse/ Projekt: 2 Personen
Verwaltung: 2 Personen

Unmittelbarer- Erweiterter Personenschutz (UPS/ EPS):
Personenschutz: 16 Personen

2.4.1. Posten

Ein Posten ist eine zugewiesene Position, die nicht verlassen werden darf. Es gilt von dieser Position präventiv anhand der Präsenz Sicherheit zu leisten und repressiv zu handeln im Falle eines Aufkommens. Es werden mehrere Posten innerhalb des Gebäudes eingesetzt. Vor allem an Ein- und Ausgängen sowie an Treppenaufgängen. Zudem werden verstärkt Posten im Bereich der Bühne vertreten sein.

2.4.2. Streifen

Eine Streife ist eine geringe Anzahl an Personen, in der Regeln zwei, welche in beweglicher Formation einen vorgegeben Raum oder Weg abgehen und somit präventiv und repressiv für Sicherheit sorgen. Zudem gibt es verdeckt Streifen, die im Vorfeld wirken d.h. strategisch ermitteln, um delinquentes Verhalten schon vor der Durchführung zu verhindern. Auf dem Rathausmarkt wird eine reguläre Streife und zwei verdeckte Ermittlerstreifen vertreten sein.

2.5. Erfahrungswerte aus der Vergangenheit

In der Vergangenheit wurde ein derartiges Event schon mal durchgeführt, dabei sind die folgenden Erfahrungswerte und Erkenntnisse entstanden die zur Orientierung dienen können. Jedoch ist in der heutigen Zeit kein absoluter Verlass darauf, da sich die Lage schnell durch Multimediafunktionen ändern kann.

10:00 bis 15:15 Uhr	
Ausstellung (im Rathaus):	ca. 300 Besucher
18:00 bis 24:00 Uhr	
Empfang (im Rathaus):	ca. 100 Gäste
10:10 bis 15:00 Uhr	
Unterhaltungsprogramm:	(zusätzlich) ca.500 Besucher
20:00 bis 24:00 Uhr	
Konzert:	(zusätzlich) ca.800 Besucher

2.6. gesetzliche Rahmenbedingungen

a) Orientierungsrahmen für Großveranstaltungen des MIK

b) Unfallverhütungsvorschrift: **DGUV Vorschrift 23** „Wach- und Sicherungsdienst"
(ehemalige BGV C7)

c) Unfallverhütungsvorschrift: **DGUV Vorschrift 1** „Grundsätze der Prävention"

d) Technische Regeln für Arbeitsstätten: **ASR A1.3** „Sicherheits- und Gesundheitsschutzkennzeichnung"

e) Durchsetzungsrechte: Jedermannsrechte, Selbsthilfe, §127 StPo vorläufige Festnahme

f) Rechtliche Grundlage: Übertragenes Hausrecht

2.7. Die Lage des Unternehmens

Der NEW Konzern wirtschaftet mit Kernkraftenergie, da dies ein umstrittenes Thema ist hat der Konzern politische Gegner zu berücksichtigen somit ist mit Aktivisten aus der Linken und Grünen Fraktion zu rechnen. Aus Tagen, wie den 1. Mai ist bekannt, dass die Linke Fraktion aktiv ist somit ist die Wahrscheinlichkeit erhöht das beim Event auch Aktivisten auftreten können. Aktuell ist islamistischer Terrorismus ein erwägenswertes Thema, vor allem da Hamburg über eine derartige Szene verfügt, sind derartige Personen in die internen Lagebilder einzuführen.

Der Konzern hat die Energiewende nur zum Teil überstanden und hat in vergangener Zeit Verluste in Millionenhöhe gemacht somit ist die wirtschaftliche Lage und die Reputation der NEW stark belastet. Dem zur Folge ist auf den Konzern ein erhöhter Grad an Aufmerksamkeit, aus allen Sichtweisen zugewandt. Demnach wird alles Notwendige dafür getan das, das Image des Unternehmens bewahrt wird und im Optimalfall, durch das Event, einen verbesserten Status erlangt.

3. Beschaffenheit, Umfeld und Peripherie

Der Rathausmarkt ist der zentrale Platz der Hamburger Innenstadt und bildet den repräsentativen Vorraum von Parlament und Regierung. Hamburg hat aktuell etwa 1,8 Millionen Einwohner und im Bereich der Innenstadt sind momentan viele Zuwanderer aus Rumänien, Flüchtlinge aus Syrien und jene mit ungeklärter Herkunft unterwegs.

Zu erreichen: Ab Hamburg Hauptbahnhof ca. 10 Min. Fußweg oder mit der S-Bahn oder U-Bahn bis Jungfernstieg oder der bis Rathaus.

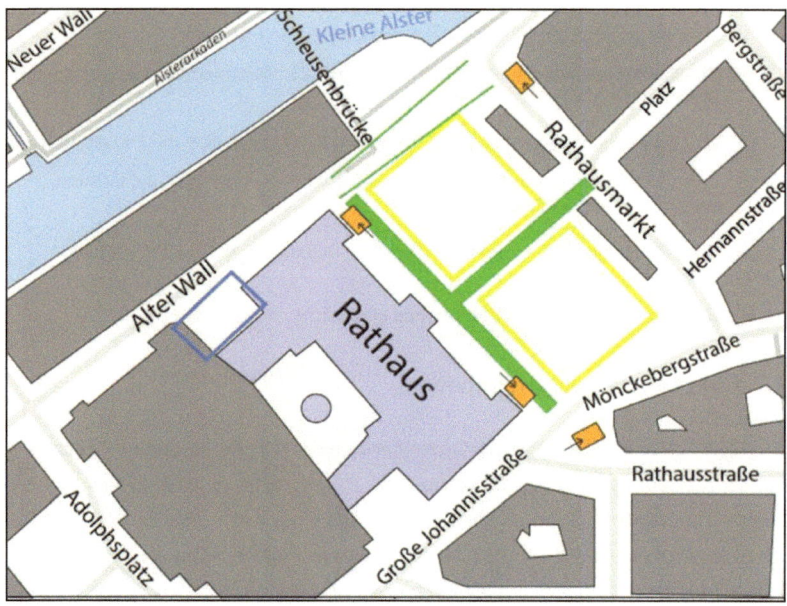

Abbildung 1.: Details des Rathauses und Rathausmarkts (eigene Auffassung) (siehe auch Anhang IX)

ORANGE: Vier U-Bahn Aus- und Eingänge befinden sich in unmittelbarer Nähe des Rathausmarkts.

GELB: Die Nutzungsfläche beträgt 4.000 m² (2 gleiche Teile a 2.000 m²).

GRÜN: Auf den Rathausmarkt sind 10m breite Rettungswege freizuhalten und eine Rettungsgasse am westlichen Flügel.

Blau: Ein möglicher Parkplatz, mit einer Schrankenanlage, für die Schutzpersonen (SP), SW über Alter Wall zu Erreichen. Zudem sind mögliche Wege, um die Schutzpersonen ins Gebäude einzuschleusen blau markiert.

Der abgestufte Bereich des Rathausmarkts kann im Einzelfall für Veranstaltungen genutzt werden. Bei der Planung von Veranstaltungen ist darauf zu achten, dass der städtebaulich-künstlerische Raum erhalten bleibt. Im Falle einer Evakuierung bietet sich der etwa 400 m weit entfernte Domplatz als geeigneter Sammelort an, welcher wiederum durch zwei mögliche Rettungswege zu erreichen ist. Der nördliche Weg scheidet aufgrund seiner Engstellen und den erhöhten Menschenmassen auf die man dort treffen würde aus.

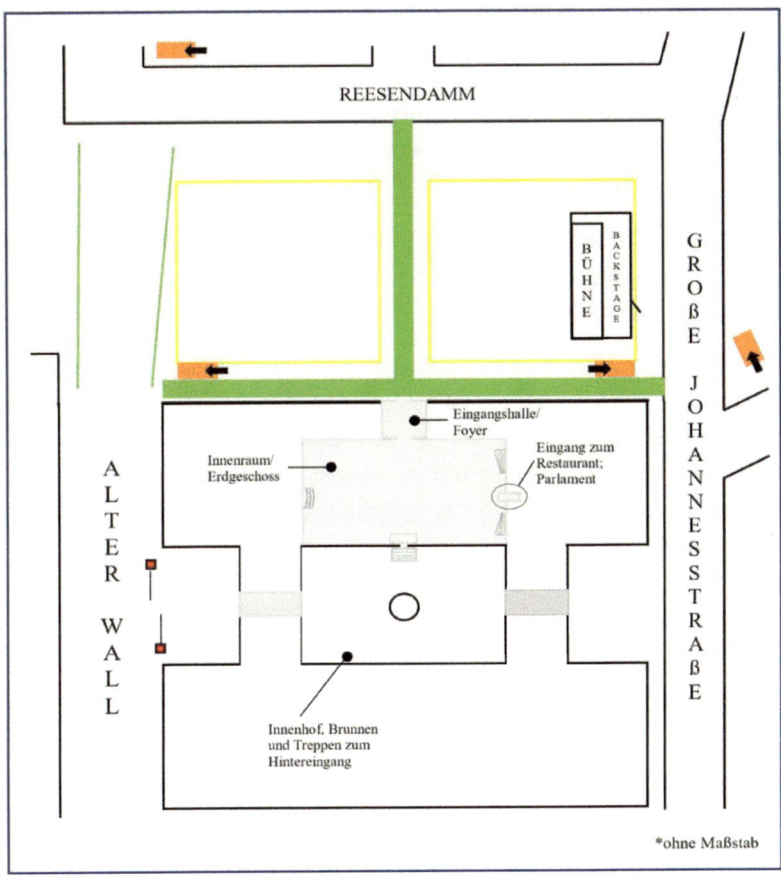

Abbildung 2: Rathausmarkt, Rathaus und Erdgeschoss Skizze (eigene Auffassung) (siehe auch Anhang IX)

4. Schutzziele

Im fortlaufenden Bereich sind die Schutzziele definiert und einem Schutzgrad zugeordnet. Hierbei gilt eine Rangordnung bei der I. die oberste Priorität zugeschrieben wird.

Reputation/ Image

Das Image der NEW und der Stadt Hamburg soll erhalten bleiben. Da das Event über ein öffentliches Interesse verfügt und somit die Polizei eine Mitverantwortung hat sind hier Prioritäten zu setzen. Bezüglich des Image sind mehrfache und korrekte Absprachen mit dem Eventmanagement Team zutreffen, da diese Zusammenarbeit bei diesem Thema bestenfalls einen Synergieeffekt hervorruft.

I. Image der NEW
II. Image der Stadt Hamburg

Leib, Leben und Freiheit

Die körperliche Unversehrtheit der Besucher, Gäste und prominenten Persönlichkeiten. Es ist zwar nicht möglich Menschenleben gegeneinander abzuwägen, jedoch gilt es auch hier Prioritäten zu setzen, da einige der Personengruppen ein höheres Maß an Risiken und Gefahren mitbringen und die anderen wiederum durch das öffentliche Interesse zusätzlich von der Polizei zu schützen sind. Zudem müssen Schwerpunkte gesetzt werden, um die Effizienz zu gewährleisten und den Interessensbereich von dem Verantwortungsbereich zu trennen.

I. Prominente Persönlichkeiten (PP)
II. Gast
III. Besucher

Vermögensgegenstände

Die materiellen Vermögensgegenstände der NEW, der Gäste und der Stadt Hamburg sind zu schützen.

I. Der Stadt Hamburg
II. Der NEW
III. Der Gäste

5. Umsetzung und Maßnahmekatalog

Die Umsetzung der sicherheitsrelevanten Maßnahmen ist sowohl von präventiver als auch repressiver Gegebenheit. Es gilt dabei das Event an dessen einzelnen Tagen unter den folgenden drei Aspekten zu differenzieren, organisatorisch, personell und technisch. Darüber hinaus ist vorab die Vorbereitungsphase zu erläutern, da diese essentiell für einen effizienten und validen Ablauf bzgl. der Sicherheit der Veranstaltung ist.

5.1. Die Vorbereitungsphase

Innerhalb der Vorbereitungsphase soll interdisziplinär zugearbeitet d.h. Aufgaben werden an die geeigneten Stellen und Mitarbeiter delegiert. Zudem werden selbständig Ablaufpläne, effiziente Maßnahmen und valide Mitarbeiterfunktionen durch den Sicherheitsmanager generiert.

5.1.1. Organisatorisch

Es werden organisatorische Maßnahmen erhoben und die Durchsetzung der Sicherheit zu gewährleisten. Beispielsweise muss die komplette technische Ausstattung geordert und verwalten werden. Dies ist Aufgabe der Verwaltungsmitarbeiter, sie bekommen Listen mit notwendigen Sachgegenständen und Zeitvorgaben.

5.1.1.1. Verantwortungsbereiche

Für das Rathaus und dessen Räumlichkeit wurde das Hausrecht beantragt d.h. hier besteht ein Verantwortungsbereich für die Konzernsicherheit der NEW. Um diesen möglichst zu simplifizieren werden die oberen Etagen abgesperrt und Besucher und Gäste dürfen sich nur innerhalb des Erdgeschosses aufhalten.

Da der Rathausmarkt und die PP ein enormes öffentliches Interesse aufweisen, wird aktuell intensiv darauf hinaus gearbeitet, dass die Absicherung des Platzes in Zusammenarbeit und Mitverantwortung der Polizei geschieht. Die Aushandlungen werden protokolliert und jedes Mal von den jeweiligen Parteien gegengezeichnet.

Notfalls kann der Platz in zwei jeweils 2000 m² Zonen aufgeteilt werden, wobei dann die Zone auf der die Bühne steht mit Hamburgergittern eingezäunt wird. Dies dient dazu um befriedetes Besitztum zu schaffen, um schließlich das Hausrecht zu gewährleisten. Dabei ist auf einen separaten Backstage Bereich und hinter Ein- und Ausgang zu achten.

5.1.1.2. Notfallkonzeption und Ablaufpläne

Ablauf des Führungsprozesses:

Der Führungsprozess geschieht anhand des folgenden schematisierten Vorganges. Zudem gehört eine Dokumentation dazu, welche die verschiedenen Inhalte des Regelkreises festhält, um dokumentieren zu können wann welcher Teilprozess bzgl. einer einzelnen Aufgabe getätigt wurde. Die Dokumentation ist in den Anlagen zu finden.

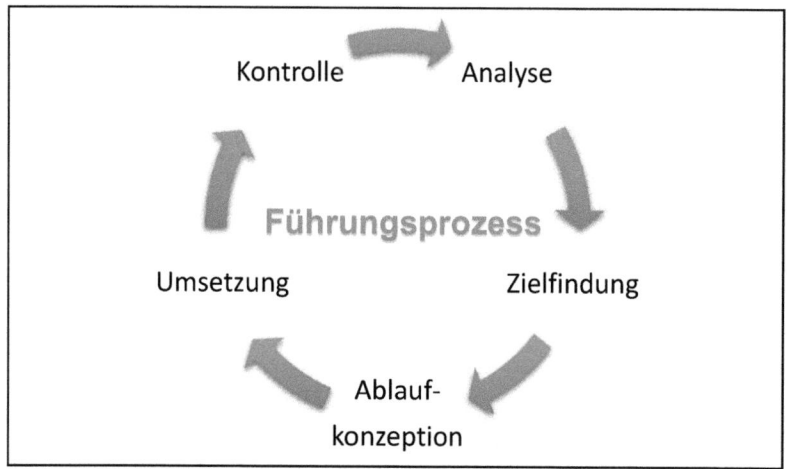

Abbildung 3: Der Führungsprozess als Regelkreislauf (eigene Auffassung)

Räumungs-Evakuierungskonzept:

Hier werden die Rettungswege und der Sammelort festgehalten. Es gilt vor allem punktuell festzuhalten, welche Abläufe der Einsatzleiter bei einer Evakuierung einzuhalten hat. Das Evakuierungskonzept soll sich über eine Kiste erstrecken, welche an einem bestimmten und für alle zugänglichen Ort zu positionieren ist. Zum Inhalt gehört ein Klemmbrett mit dem Ablaufplan, Sprachkonserven und Ortskarten, eine violette Weste mit dem Aufdruck „Einsatzleiter", ein Erstehilferucksack und ein Megafon.

Menschenstromregulation:

Die Menschen, die die Ausstellung betreten kommen durch den Haupteingang, dort passieren die Eingangshalle/ Foyer und werden von einem Sicherheitsmitarbeiter erfasst, der allein nur dafür zuständig ist, die aktuelle Menge an Personen im Gebäude zu summieren. Dafür steht ihm ein spezieller Handzähler zur Verfügung. Sollte die maximale Kapazität erreicht sein, gibt dieser Sicherheitsmitarbeiter es des den Kollegen in unmittelbarer Nähe des Haupteingangs weiter, welche nun zur Aufgabe haben vorerst keine weiteren Besucher zur Ausstellung hereinzulassen, bis Menschen innerhalb der Ausstellung diese verlassen haben. Zudem wird diese Lage der Kapazität an das Lagezentrum gemeldet, dieses meldet es nach einer bestimmten Zeitspanne den SiMa weiter welcher es nun zur Aufgabe trägt Endscheidungen zu fällen.

Einsatzplan/ Mitarbeiterkonzeption:

Dieses Konzept soll die Posten und Streifenwege der Sicherheitsmitarbeiter auf zeitlicher, räumlicher und personeller Ebene über den kompletten Zeitraum des Events festhalten. Auch sind individuelle Einweisungen für die Streifen, Posten und Funktionen zu konzeptionieren. Es ist genau zu bestimmen welche Tätigkeiten im Detail zu verrichten sind, dabei ist auf die Pausenregelung zu achten somit ist ein Mitarbeiter als Springer zu verbuchen.

Funkplan/ Kommunikationswesen- technologie:

Hier wird festgehalten, welche Funkkreise bestehen und welche Einsatzkräfte eines Trupps zusätzlich Informationen eines anderen Funkkreises abgreifen. Beispielsweise sollte mindestens ein Truppmitglied der Personenschützer den allgemeinen Funkkreis mithören, welcher aus Sicherheitspersonal, der Sanität und den Feuerwehrkräften, (Polizei) besteht, um wichtige Lage Informationen zu erlangen.

Zudem werden Headsets zum Funkgerät eingesetzt, vor allem bei Sicherheitspersonal, welches seine flexible Beweglichkeit zum ausüben seiner Tätigkeit benötigt z.B. beim Personal der Zugangs- und Einlasskontrolle. Auch Sicherheitsmitarbeiter die sich in unmittelbarer Nähe der Bühne befinden werden mit einem Headset ausgerüstet, damit ein Übertönen der Funkmeldungen, durch die Lautsprecher der Bühne, vermieden wird. Funkpläne sind in den Anlagen zu finden. (2.2.1. Organigramm, Funkplan)

Personenschutz Ablaufplan:

Dieser Plan soll einen Überblick über den Personenschutztrupp und dessen Tätigkeit schaffen. Der Ablaufplan wird nicht öffentlich gemacht und wird erst am selben Tag der Ausführung, den Personenschutztrupp dargelegt und zugänglich gemacht. Den Personenschützern wird nummerisch eine Funktion bzw. ein Verwendungsbereich zugeteilt. Auch werden Prozesse, Überlegungs-, Beurteilungs- und Handlungsspielräume definiert, dies geschieht jeweils in einer Gefährdungs- und einer Schwachstellenanalyse.

Die Gefährdungsanalyse lässt die Art und dem Umfang von möglichen Gefahren, denen die SP ausgesetzt werden könnte, erkennen. Hierfür werden personenspezifische und objektspezifische Daten und Fakten erfasst. Zum Inhalt gehört der Tagesablauf, die privaten Aktivitäten und Gewohnheiten der Schutzperson, deren regelmäßig besuchte Aufenthaltsorte, die Fahrstrecken und Fahrzeuge und sonstige relevante Informationen über die SP.

Die Schwachstellenanalyse dient dazu Sachwerte festzustellen, welche bspw. aus Regelmäßigkeiten oder mangelnder Absicherungen entstehen. Woraus wiederum Gefährdungen gegenüber der SP kenntlich gemacht werden. Dabei ist es sehr wichtig auf die Sicherheitsstandards einzugehen, welche die SP bevorzugt. Außerdem müssen auch Schutzziele, Maßnahmen und alternativ Maßnahmen definiert werden.

Verwendungsbereiche der Personenschützer:

UPS:

1. Kommandoführer
1.1. Stellvertretender Kommandoführer

2. KFZ- Fahrer
2.2. Stellvertretender KFZ- Fahrer

3. Personenschützer allgemein
3.1. Pointer
3.2. Zivil

EPS:

4. Personenschützer Aufklärer
4.1. Beobachter Vogelperspektive

(siehe Anhang VI – VII)

5.1.1.3. Lagezentrum und Stabsstelle

Die jeweils zwei Analyse- und Verwaltungsmitarbeiter sollen im Lagezentrum eingesetzt werden. Die Einrichtung des Lagezentrums soll schon am vor Tag des Veranstaltungstages geschehen.

Dabei übernehmen die beiden Analysemitarbeiter die Aufgabe Lagebilder zu erstellen und Lageberichterstattungen durchzuführen. In der Vorbereitungsphase wird unmittelbar Kontakt zur Polizei aufgenommen, um ein gemeinsames Ladenzentrum anzustreben. Welches zusätzlich im Optimalfall zu einheitlichen Einsatzakten, Karten und Plänen führen würde. (siehe Anhang)

Die Lageberichterstattungen und Aufgaben der Analyse MA sollen sich über die folgenden Aspekte erstrecken:

- Informations- und Kommunikationstechnologie
- Analyse der Menschenmassen „Erkennen im störenden Umfeld"
- Umfeld Aktivitäten (Aktivisten)
- Wetterbeobachter
- Sprecher der Sprachkonserven

Die Verwaltungs- MA sollen die Ansprechpartner bei den folgenden Aufgaben und Themen sein:

- Informations- und Kommunikationstechnologie
- Datensicherung: Sicherheitskopien
- Verwaltung von Kapazitäten: Dienstkleidung, Handsonden, Tische, Schilder (Vorsicht Rutschgefahr), Notfallkommunikationsmittel, Zähler, Erste Hilfe Material, pharmazeutische Versorgung

Die folgenden Listen und Gegenstände sollen verwalten:
- Empfangsbestätigung von Einweisungen
- Tresor: Kassen, Chips und Wertmarken (Vieraugenprinzip Nachweis)
- Sprachkonserven

Notfall und Ersatzlisten:
- Evakuierungs- Räumungsplan
- Kontrollmaßnahmen
- Meldewege

5.1.2. Personell

In der Vorbereitungsphase wird sich auf die zwei Analysemitarbeiter und auf die zwei Verwaltungsmitarbeiter berufen.

5.1.3. Technisch

Es gilt um voraus Notebooks (Software aktualisieren), Drucker und Pinnwände für das Lagezentrum zu ordern. Hinzu kommt ein Tresor und Wertmarken für den Einsatz des Caterings.

Für die Zugangsberechtigung am Veranstaltungstag sollen Einladungen, in Form von einer E-Mail an die Gäste versendet werden.

5.2. Der Aufbau der Veranstaltung (Fr. 08.07.2016)

Der Aufbau der Bühne und der Ausstellung geschieht durch das Unternehmen XY. Die Mitarbeiter müssen mit entsprechenden Ausweisen ausgestattet sein. Die Ausstellung in der Diele sollte durch die Präsenz von Sicherheitsmitarbeitern sowohl am Tage als auch in der Nacht gesichert werden. In derselben Art und Weise ist der Aufbau der Bühne zu sichern, da eine Gefährdung der Aufbauten durch Sabotage nicht auszuschließen ist auch und Material, wie Kabel und Werkezeug entwendet werden können.

5.2.1. Organisatorisch

Mitarbeiter müssen eingearbeitet und eingewiesen werden, so dass diese im Nachhinein ihre wesentlichen Aufgaben und Schutzziele kennen, mit dem Diensttelefon umgehen können und ihren Ansprechpartner Störgrößen kennen und sich auch nicht davor scheuen diese zu melden.

Zudem sind die Verwaltungs- und Analysemitarbeiter mit der Einrichtung des Lagezentrums delegiert, welches anschließend von SiMa kontrolliert wird. Auch sind sie dafür zuständig das angelieferte Materialien, wie Zäune, Tische oder Handsonden an die vorgesehenen Orte kommen.

5.2.2. Personell

Schon den kompletten Vortag über ist Sicherheitspersonal einzusetzen, in Form von einer Zweimannstreife und zwei Posten. Jeweils 2 Verwaltungs- und Analysemitarbeiter sind in 8 Stundenschichten eingesetzt.

Die Bühne und das dazugehörige Material werden in der Nacht, vom 08.07.2016 auf den 09.07.2016, durch einen Objektschutzmitarbeiter mit einem Dienstfahrzeug gesichert. Der Mitarbeiter ist verpflichtet in einem Intervall von einer Stunde Kontrollrundgänge zu tätigen und diese in der Sicherheitsleitstelle der NEW anzumelden.

5.2.3. Technisch

Die Front der Bühne wird mit Hamburgergittern ausgestattet und der Backstage Bereich mit Bauzäunen und Sichtschutzfolie. In den Bauzaun ein Ein- und Ausgang einzurichten. Die Poller und Tore des Innenhofes sind zu entnehmen bzw. zu öffnen, ganz besonders zurzeit an den Schutzpersonen anwesend sind. Dies dient dazu, dass in Falle einer Gefahrensituation, frei von Hindernissen mit dem KFZ geflüchtet werden kann.

5.3. Der Tag der Veranstaltung (Sa. 09.07.2016)

Schwerpunkte bzgl. der Sicherheit liegen hier tagsüber bei der Ausstellung bzw. dem Empfang und am Abend beim Konzert und der Bühne. Es gilt insbesondere Sabotageakte, Sachbeschädigungen und andere Störgrößen zu unterbinden. Da die Veranstaltungsfläche ein öffentliches Interesse aufweist, wird die Zusammenarbeit mit der Polizei wird angestrebt. Nach Möglichkeit wird der das Absperren des Platzes unterbunden, jedoch sollte sich die Polizei weigern eine Kooperation einzugehen wird höchstwahrscheinlich keine andere Wahl bleiben.

5.3.1. Organisatorisch

Es müssen Absprachen mit der Polizei und den BOS getroffen werden. Damit sind gemeinsame Einsatzakten, Karten, Pläne und Begrifflichkeiten zu generieren. Auch wird ein gemeinsamer Funkkreis von Sicherheitsmitarbeiter, Polizei, Sanität und Teilen des Personenschutzes angestrebt.

Es werden Kontrollmaßnahmen bzgl. baulicher und technischer Maßnahmen, bzgl. Brandverhütung, Rettungswesen und Kommunikation durch den SiMa durchgeführt. Zudem bekommt jeder Sicherheitsmitarbeiter eine persönliche Einweisung durch den Einsatzleiter.

Das Lagezentrum erarbeitet selbständig Lageberichterstattungen und setzt sich dafür in Kontakt mit dem LKA7.

5.3.2. Personell

Der Haupteingang des Rathauses wird durch zwei Sicherheitsmitarbeiter gesichert. Der Hintereingang, in Richtung Innenhof, wird jeweils von einem Sicherheitsmitarbeiter im Gebäude und einen außerhalb des Gebäudes gesichert. Im Erdgeschoss werden sich Sicherheitsmitarbeiter befinden die vor den Treppenaufgängen postiert werden. Deren Aufgabe ist es Besucher höflich zu bitten sich ausschließlich im Erdgeschoss aufzuhalten, falls jemand die oberen Stockwerke betreten möchte. Auch werden diesen Sicherheitsmitarbeitern mit Feuerlöscher in unmittelbarer Nähe hingestellt, damit diese im Notfall auch als Brandwache agiert haben.

Der Personenschutztrupp wird in einer isolierten Ablaufplanung festgehalten. Jedoch ist zusagen, dass die Bühne selbst und dessen hinterer Bereich durch Personenschützer gesichert wird. Ein Personenschützer, gekleidet als Sicherheitsmitarbeiter, wird sich am Hinterein- und Ausgang der Bühne befinden. Ein weiterer wird sich auf der Bühne selbst, mit Blick zur Menschenmasse, befinden und die Lage beobachten. Die Künstler verfügen über Begleitschutz. Angesetzt ist aus ein Personenschützer der sich auf einem Balkon des Rathauses postiert wird und dort mit einem Fernglas möglichst profilierte Gefahren, die aus der Menschenmasse oder dem Umkreis hervorgehen könnten, selektiert.

Der Platz des Rathausmarkts wird durch Ermittler gesichert, diese sind zivil gekleidet und sollen vor allem auf Personen achten die aggressiv wirken oder es scheinbar auf Eigentumsdelikte abgesehen haben.

Zwischen der Bühne und den Hamburger Gittern werden Sicherheitsmitarbeiter repräsentativ in Warnwesten eingesetzt, diese dienen dazu die Menschen von der Bühne fernzuhalten und im Falle eines Brands die Zündquellen und Brandlasten mit Feuerlöscher soweit möglich zu bekämpfen.

Die Bühne und das dazugehörige Material werden in der Nacht, vom 09.07.2016 auf den 10.07.2016, durch einen Objektschutzmitarbeiter mit einem Dienstfahrzeug gesichert. Der Mitarbeiter ist verpflichtet in einem Intervall von einer Stunde Kontrollrundgänge zu tätigen und diese in der Sicherheitsleitstelle der NEW anzumelden.

5.3.3. Technisch

Für die Zutrittskontrollen werden durch die Sicherheitsmitarbeiter Handsonden verwendet. Ihnen werden Tische als Ablagefläche hingestellt. Um die Zutrittsberechtigung zu kontrollieren müssen die Gäste ihre Einladung vorzeigen oder die NEW Mitarbeiter ihren Mitarbeiterausweis. Externe Unternehmen die zur Veranstaltungen gehören verfügen über Umhänge Karte, an der genau ersichtlich ist für welche Bereiche sie Zutritt haben.

Es wird in Erwägung gezogen Thermalkameras für den Personenschutz zu ordern. Diese sollen auf die Menschenmassen gerichtet werden, vom Balkon der Rathausfront, um dessen Erregungsintensität zu messen. Dem zur Folge würde eine weitere Position im Lagezentrum eingerichtet werden.

5.4. Der Abbau der Veranstaltung (So. 10.07.2016)

Die Abbauarbeiten sind bzgl. der Gefährdungen und Risiken als neutral bis gering eingestuft. Es ist mit alltäglicher und Kriminalität zu rechnen. Jedoch können Innentäter Schwund verursachen und somit sind die Abbauarbeiten zu begleiten und zu kontrollieren.

5.4.1. Organisatorisch

Die Sicherheitsmitarbeiter werden Vorort durch einen Einsatzleiter eingewiesen.

5.4.2. Personell

Sicherheitsmitarbeiter werden an den Ein- und Ausgängen postiert und als Streife eingesetzt. Insgesamt werden schichtweise vier Sicherheitsmitarbeiter eingesetzt.

5.4.3. Technisch

Es werden keine nennenswerten technischen Maßnahmen eingeleitet.

(siehe Anhang)

6. Schlussbemerkung

Das Sicherheitspersonal und der Personenschutz sind das wichtigste Gut bzgl. der Sicherheit. Ohne das Sicherheitspersonal wäre das Event nicht zu ermöglichen. Daher ist es wichtig das Sicherheitspersonal effektiv und effizient einzusetzen und zu positionieren.

Des Weiteren ist es wichtig einen Dienst- und Einsatzplan zu schaffen, um das Sicherheitspersonal koordinieren zu können. Auch ist es sehr wichtig an die Pausenregelung der Sicherheitsmitarbeiter und Verpflegung zu denken, dies würde erregend, wie ein Anreizsystem der Motivation und Qualität deren Arbeit beitragen.

Aufgaben müssen an Mitarbeiter delegiert werden, damit diese zum einen mit ihren wesentlichen Funktionen vertraut werden, aber auch sich ernst genommen fühlen und als wichtig erachtet werden. Gegenwärtig sollten Zielvereinbarungen und Berichterstattungen arrangiert werden somit steigt die Produktivität der MA, da sie die Möglichkeit haben selbst kreativ und individuelle Einflüsse beizutragen, auch können so Verbesserungsvorschläge durch die MA repliziert werden. Auf diese Art und Weise wird ein Synergieeffekt hervorgerufen. Dasselbe gilt für den Fall, dass die Zusammenarbeit mit der Polizei gelingt, daher ist diese mit intensivsten Ehrgeiz anzustreben.

Der SiMa ist ein elementarer und enorm wichtiger Baustein der Sicherheitskonzeption, da diesem zur Aufgabe steht, Räumungskonzeptionen und Ablaufpläne zu strukturieren. Diese sind oft präventiv veranlagt oder dienen dazu, in Fall einer Krise den Schaden möglichst gering zu halten. Der SiMa sollte alle Analysen und Konzeptionen selbst generieren, um einen routinierten Überblick zu erhalten. Dieser ist dann ein Vorteil, wenn eine Krisensituation ausbrechen sollte, da in dem Fall der SiMa die Szenarien vorweg schon verinnerlicht hat und sofort weiß zu welchen Mitteln und Maßnahmen dieser greifen muss, um möglichst behütet das Vorkommen zu überwinden.

Technische Mittel sind im Voraus zu organisieren und zu bedenken. Vor allem sollte das Anmelden von nun aktivem Sicherheitspersonal, welches sich bspw. auf den Weg macht seine Streife oder seinen Kontrollgang anzugehen, durch eine elektronische Erfassung über das Mobiltelefon geschehen oder über einen Anruf bei der Sicherheitszentrale. Dies wirkt wie ein Anreizsystem und bewahrt die Qualität der Mitarbeiter, zur Erklärung dieses Phänomens dient die „Principal Agent Theory".

Anlagenverzeichnis

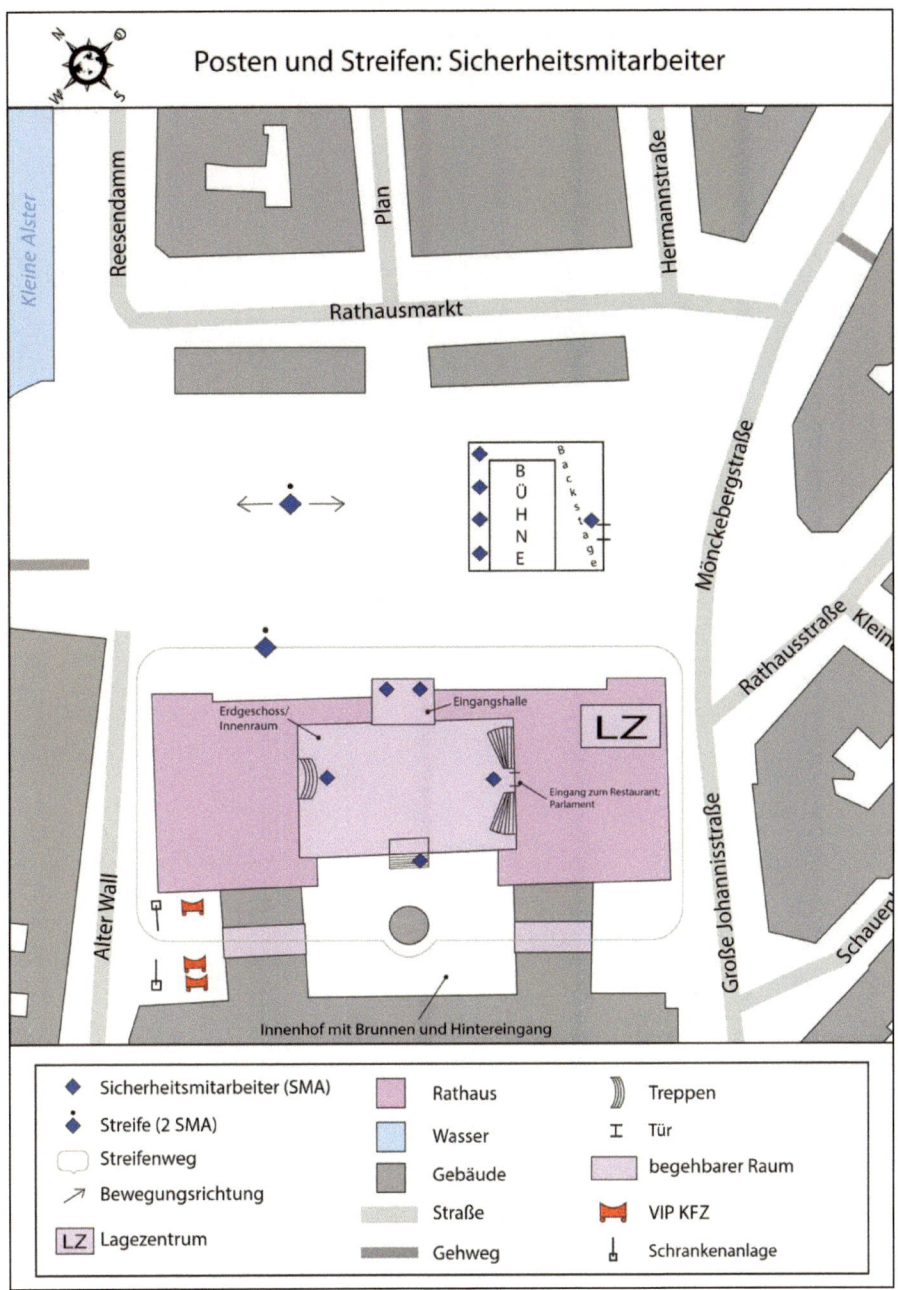

Posten und Streifen: Sicherheitsmitarbeiter

Illustration der Posten und Streifen: Sicherheitsmitarbeiter

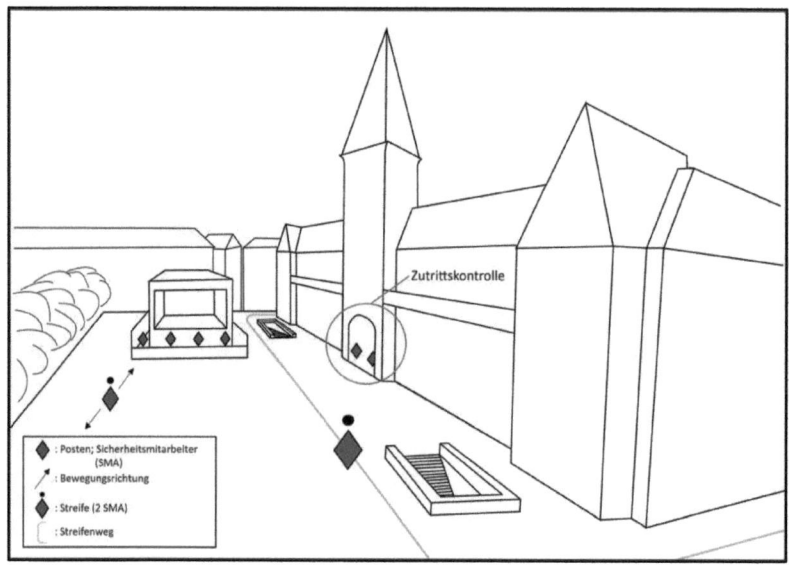

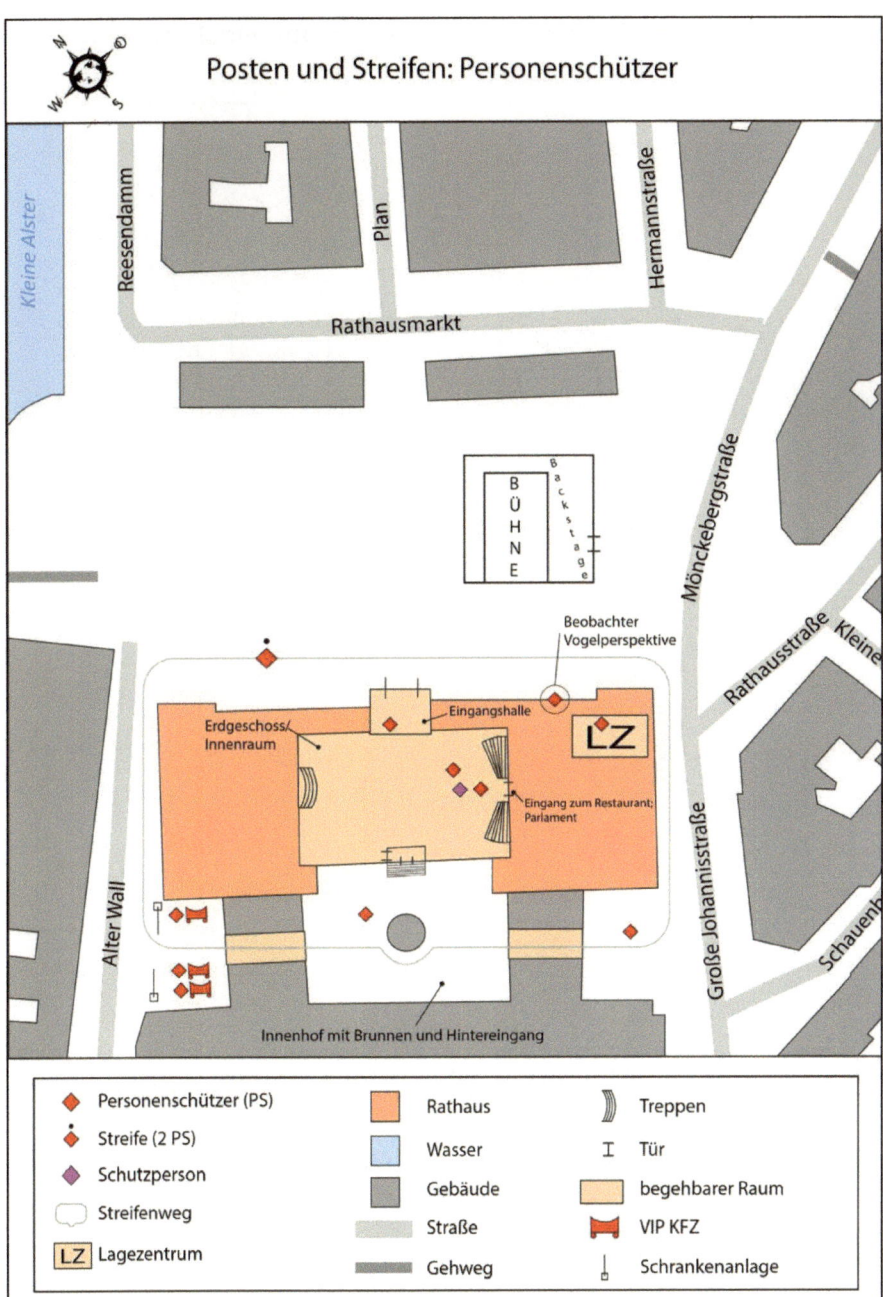

Posten und Streifen: Personenschützer

Kleine Alster

Reesendamm

Plan

Hermannstraße

Rathausmarkt

Mönckebergstraße

Rathausstraße Kleine

BÜHNE Backstage

Beobachter
Vogelperspektive

Erdgeschoss/
Innenraum

Eingangshalle

LZ

Eingang zum Restaurant;
Parlament

Große Johannisstraße

Schauenh

Alter Wall

Innenhof mit Brunnen und Hintereingang

◆	Personenschützer (PS)		Rathaus	)))	Treppen
• ◆	Streife (2 PS)		Wasser	I	Tür
◆	Schutzperson		Gebäude		begehbarer Raum
⬭	Streifenweg		Straße	⛉	VIP KFZ
LZ	Lagezentrum		Gehweg		Schrankenanlage

Illustration der Posten und Streifen: Personenschutz

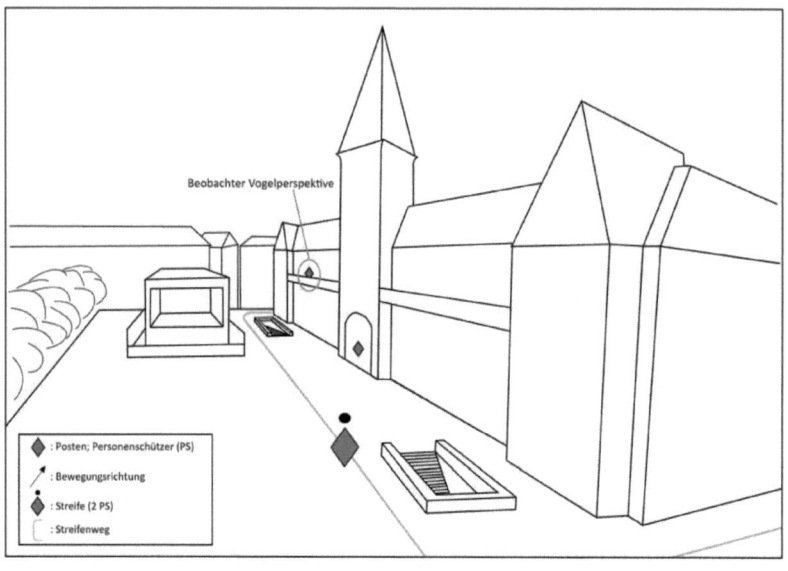

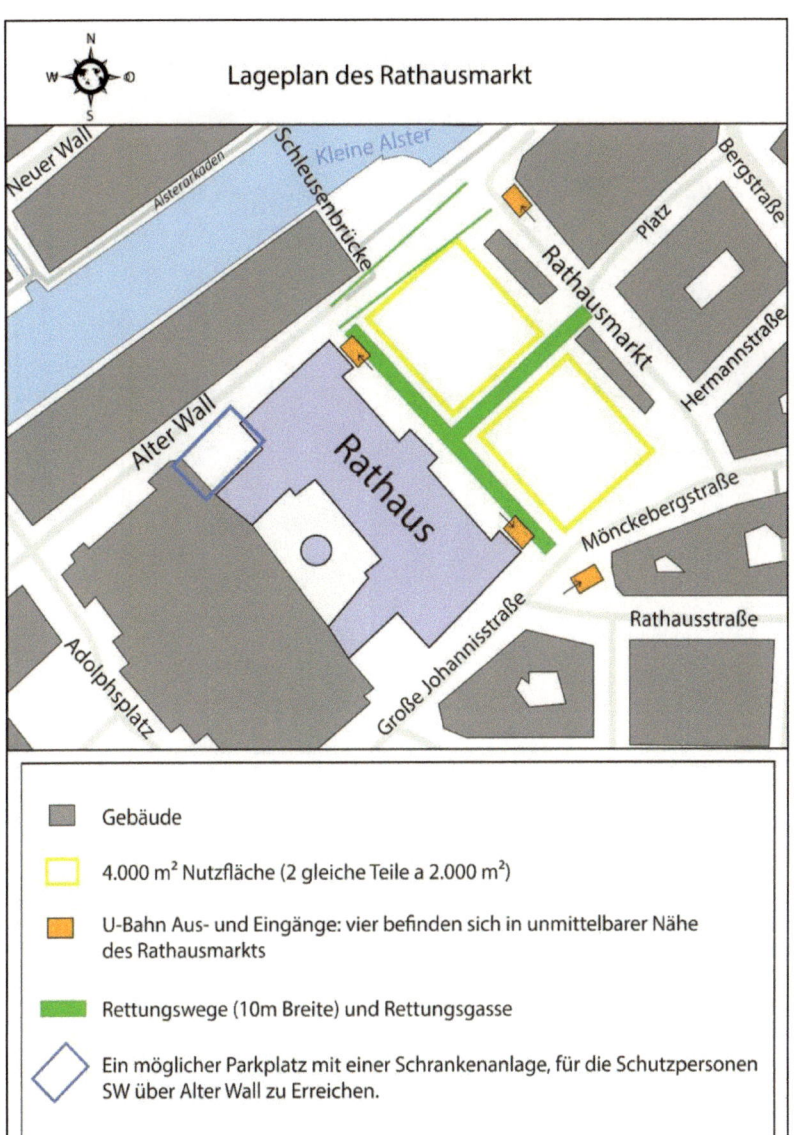

Lageplan des Rathausmarkt

Legende:

- **Gebäude**
- 4.000 m² Nutzfläche (2 gleiche Teile a 2.000 m²)
- **U-Bahn Aus- und Eingänge:** vier befinden sich in unmittelbarer Nähe des Rathausmarkts
- **Rettungswege** (10m Breite) und Rettungsgasse
- Ein möglicher Parkplatz mit einer Schrankenanlage, für die Schutzpersonen SW über Alter Wall zu Erreichen.

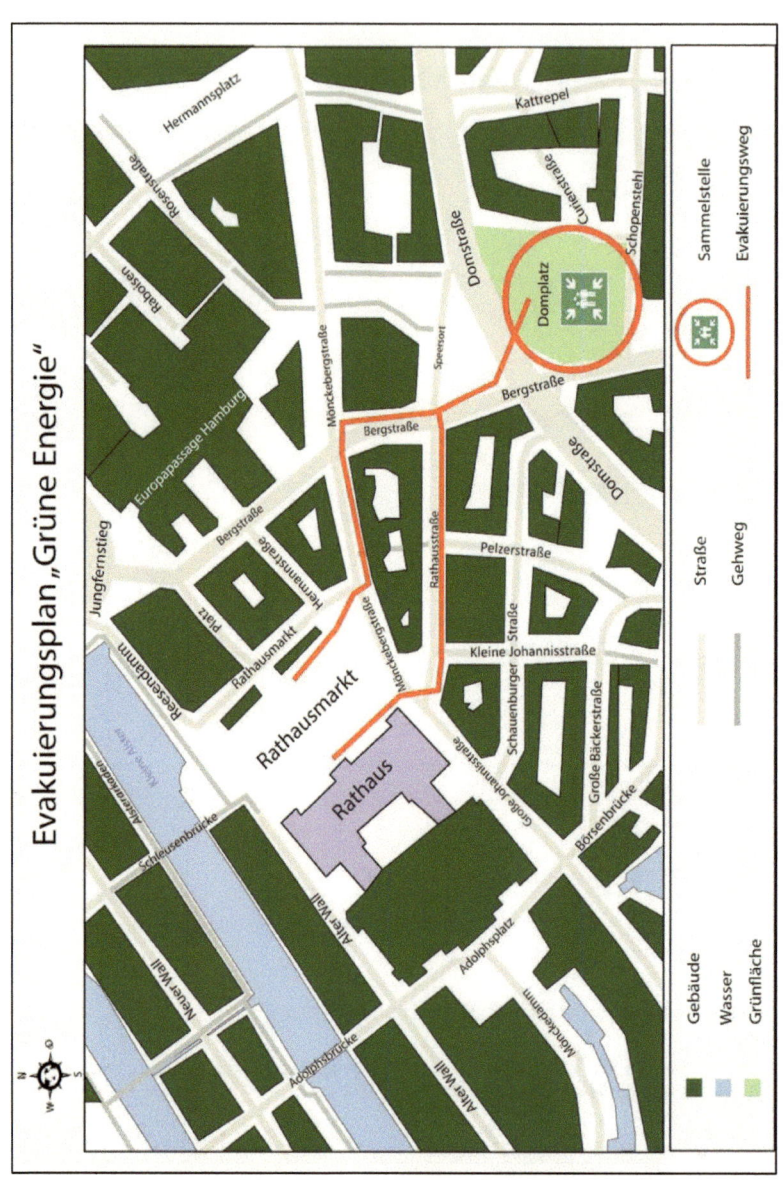

Evakuierungsplan „Grüne Energie"